Male für jede Seite, die du bearbeitet hast, einen Stern aus!

Viel Freude!

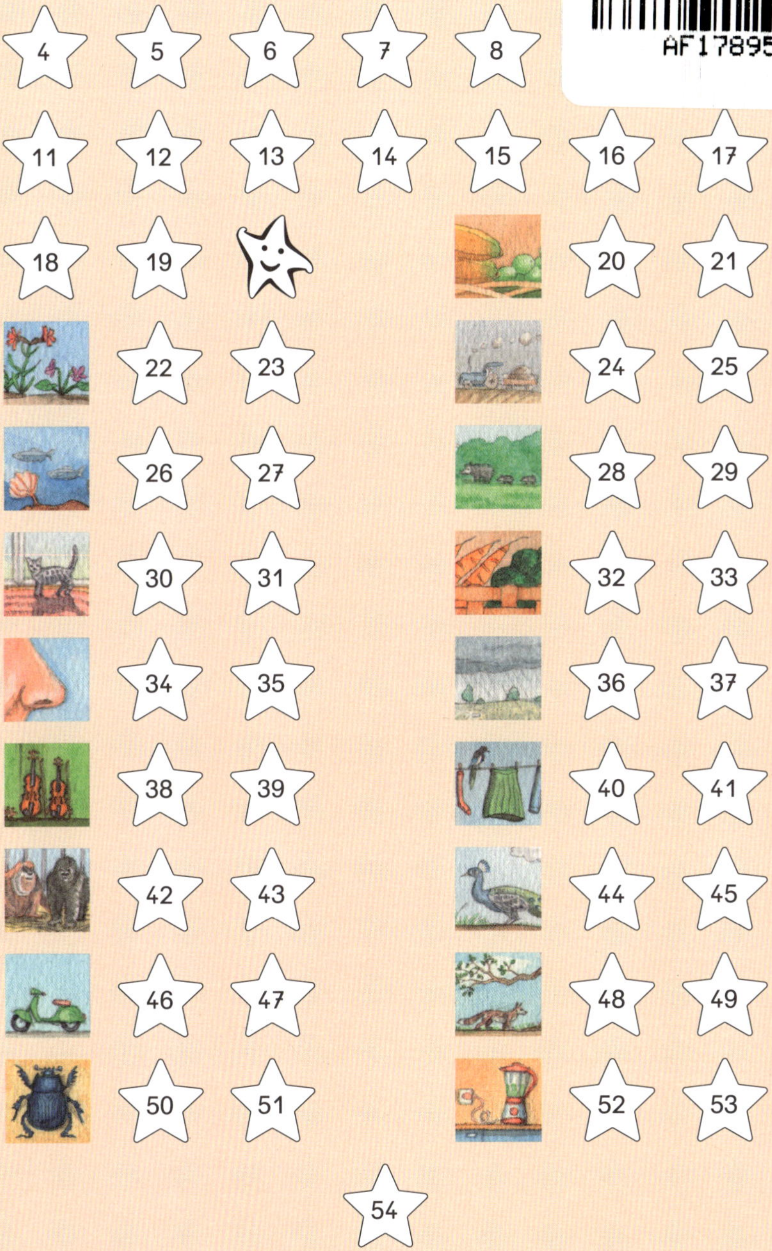
4 5 6 7 8
11 12 13 14 15 16 17
18 19 20 21
22 23 24 25
26 27 28 29
30 31 32 33
34 35 36 37
38 39 40 41
42 43 44 45
46 47 48 49
50 51 52 53
54

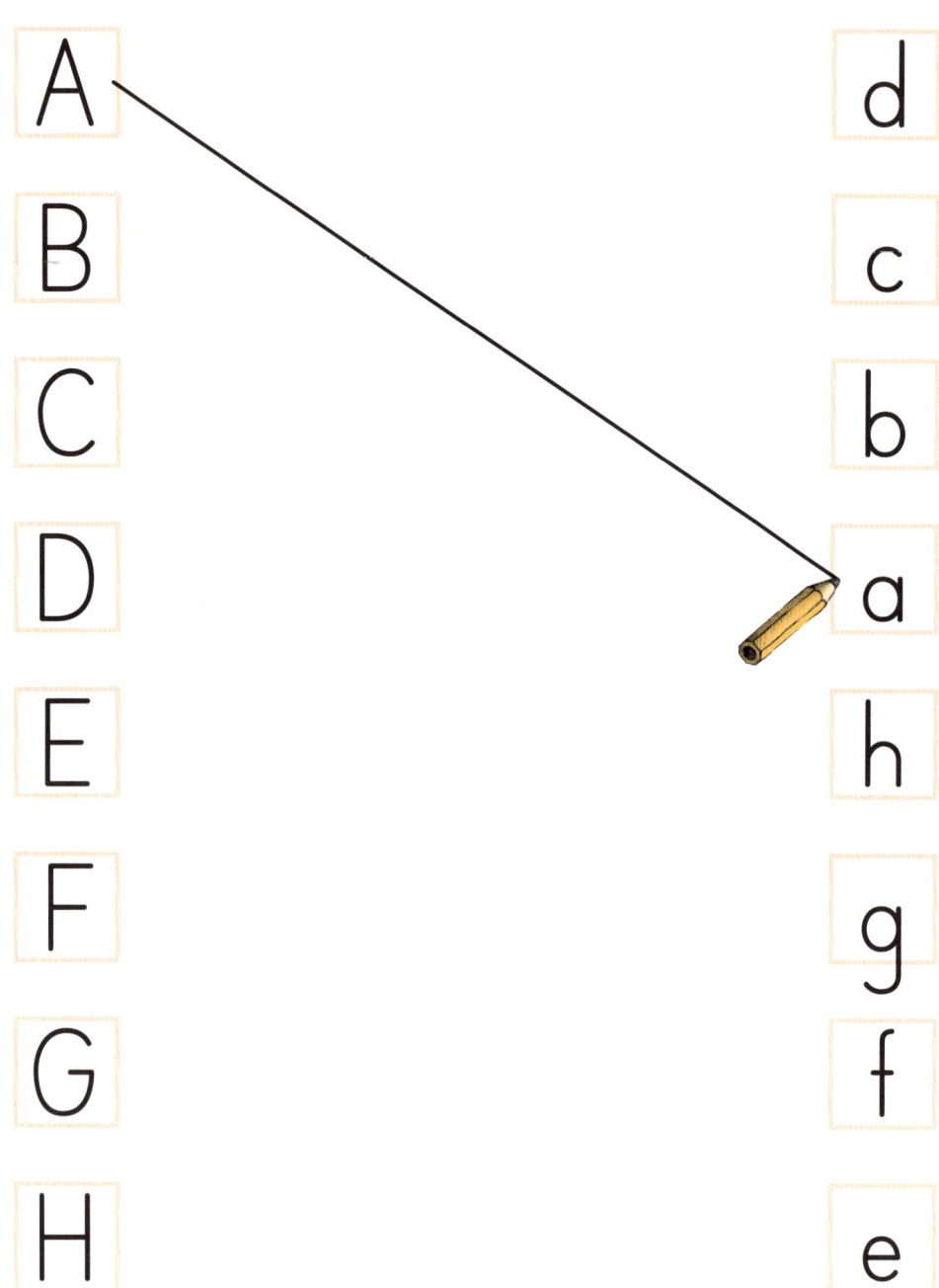

I	l
J	k
K	j
L	i
M	p
N	o
O	n
P	m

Großbuchstaben schreiben

a   A

b

c

d

e

f

g

h

A

B

C

D

E

F

G

H

q

I

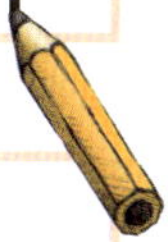

J

K

L

M

N

O

P

i

der Wal

die

der

der

der

der

das

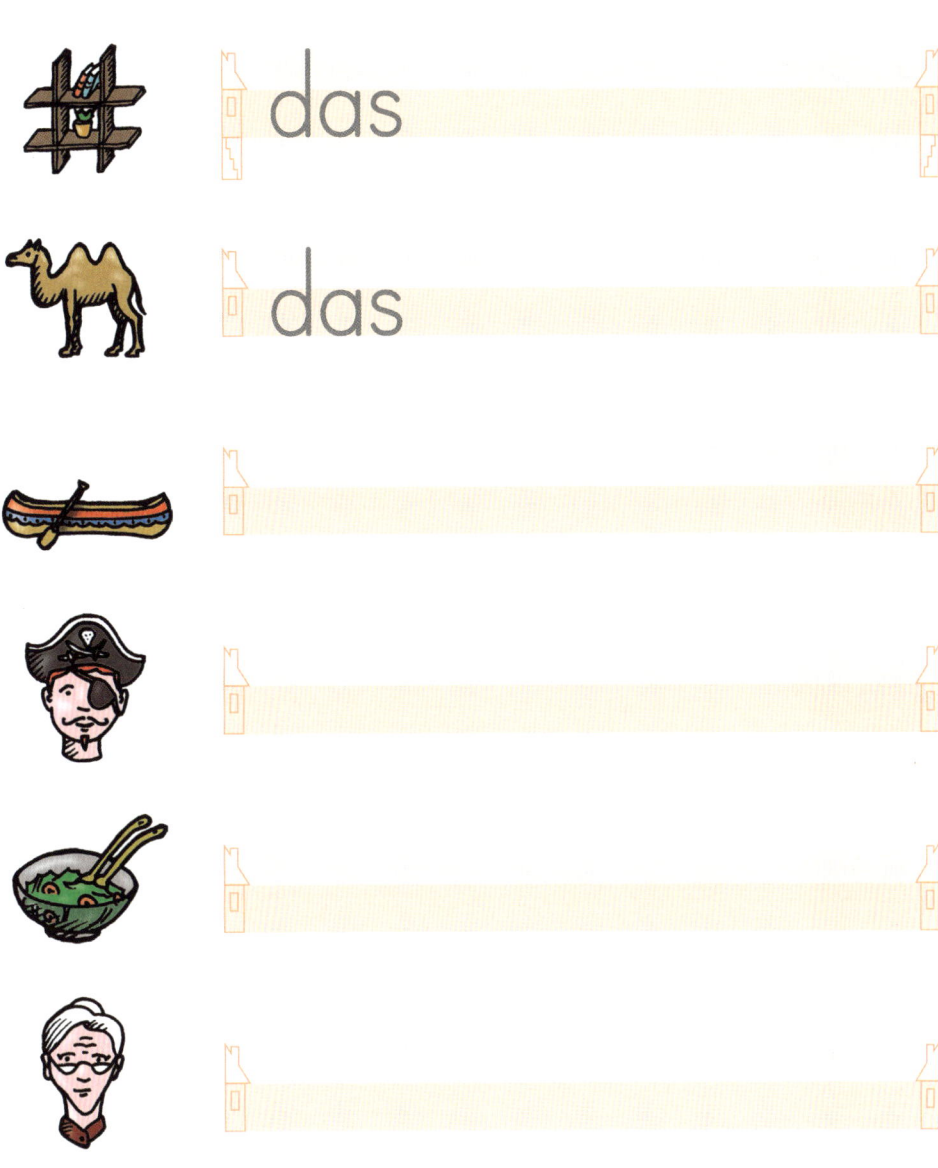

das

das

das

die

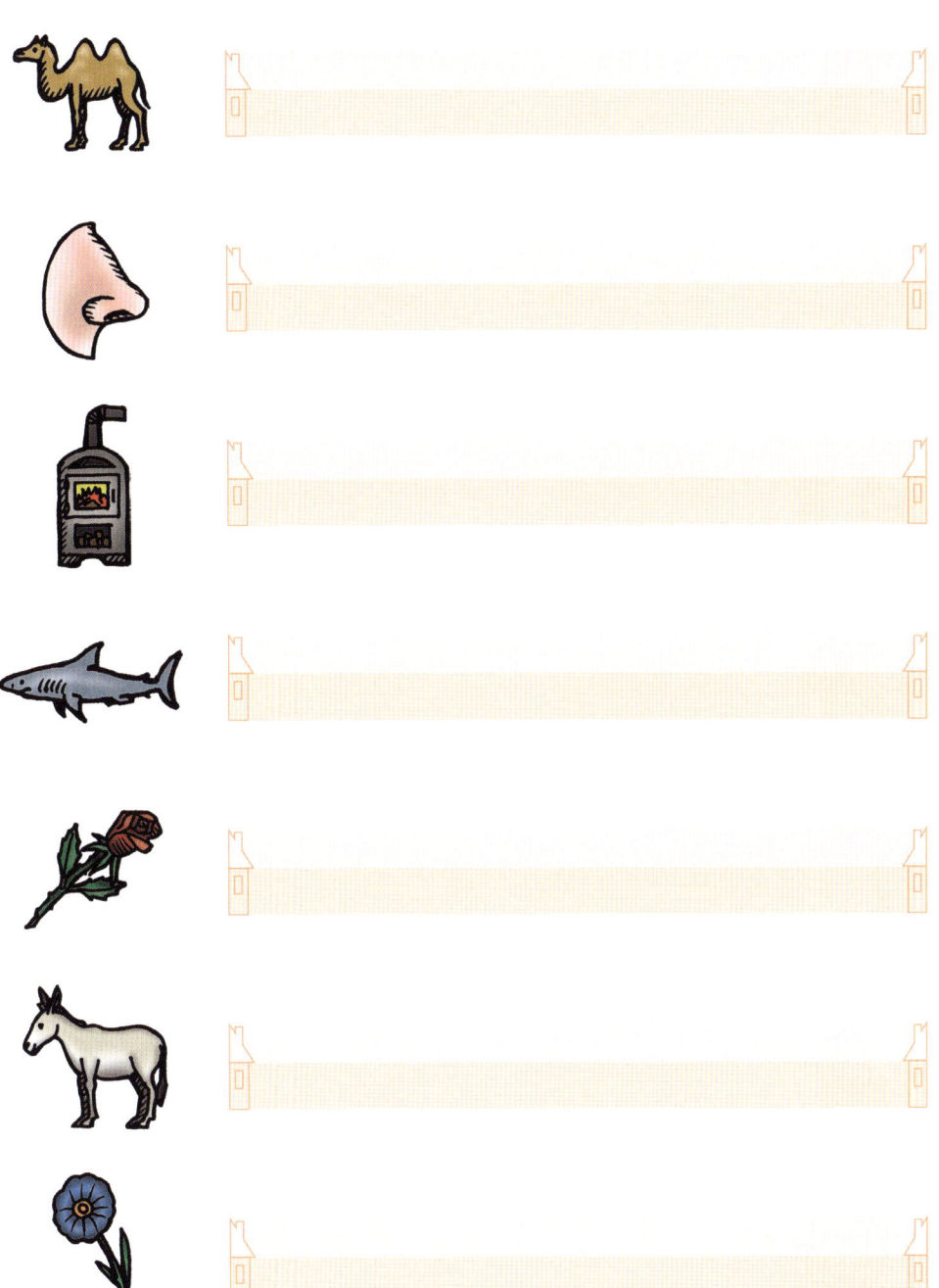

die

 der

 ←

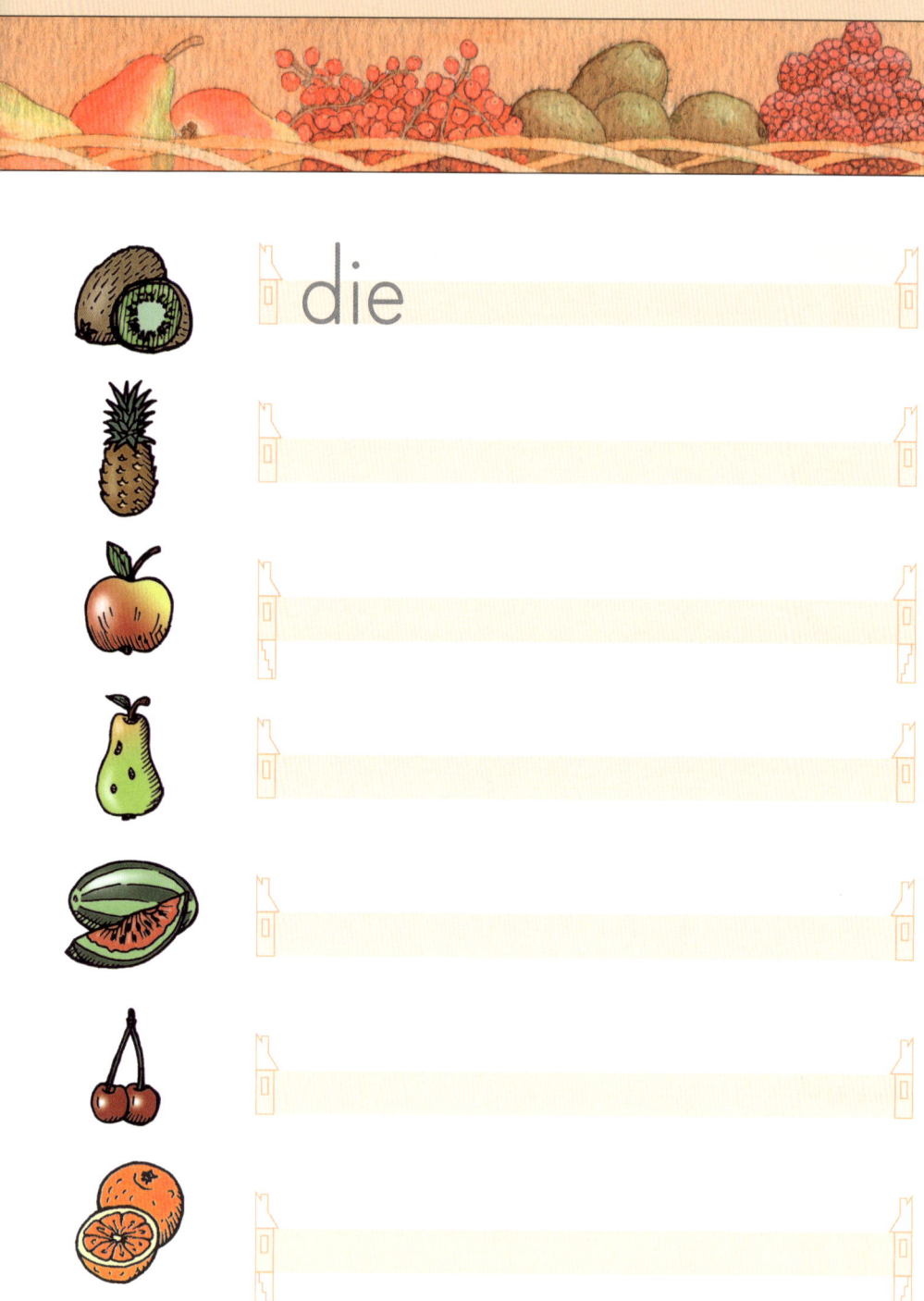

die

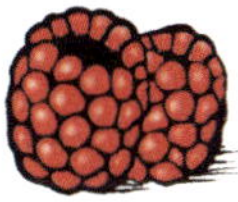

die

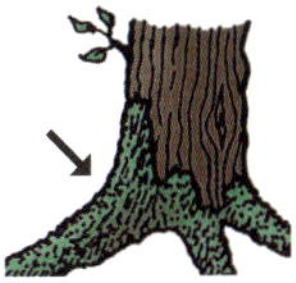

Tiere auf dem Bauernhof

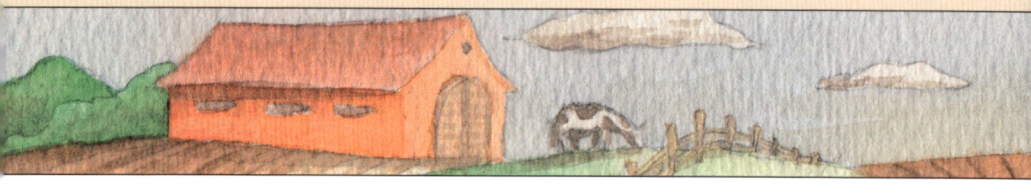

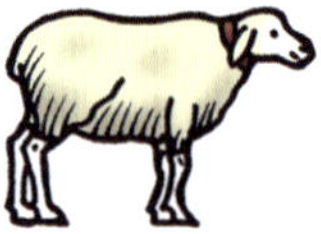

das

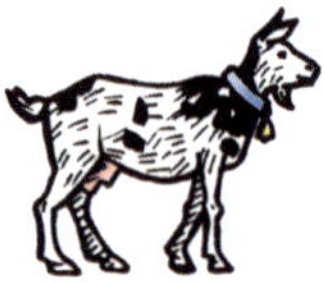

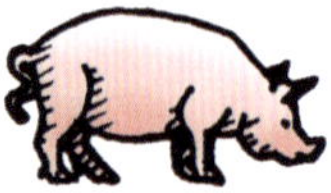

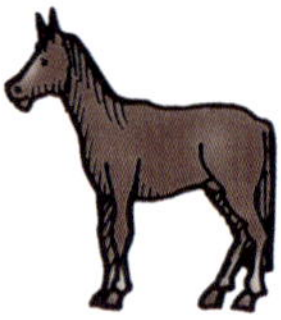

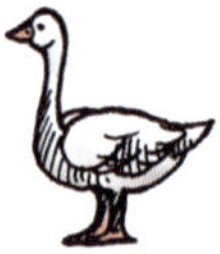

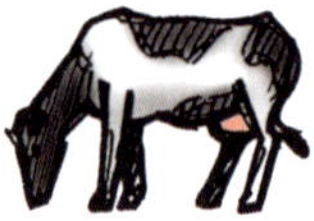

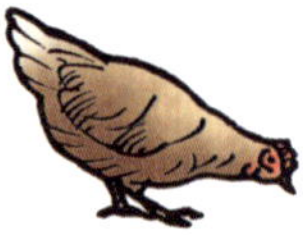

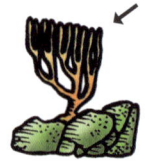  die

  das Seepferdchen

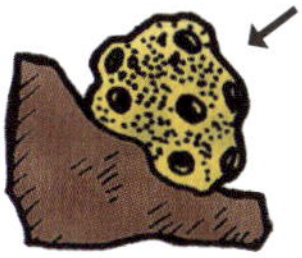

der

der

die

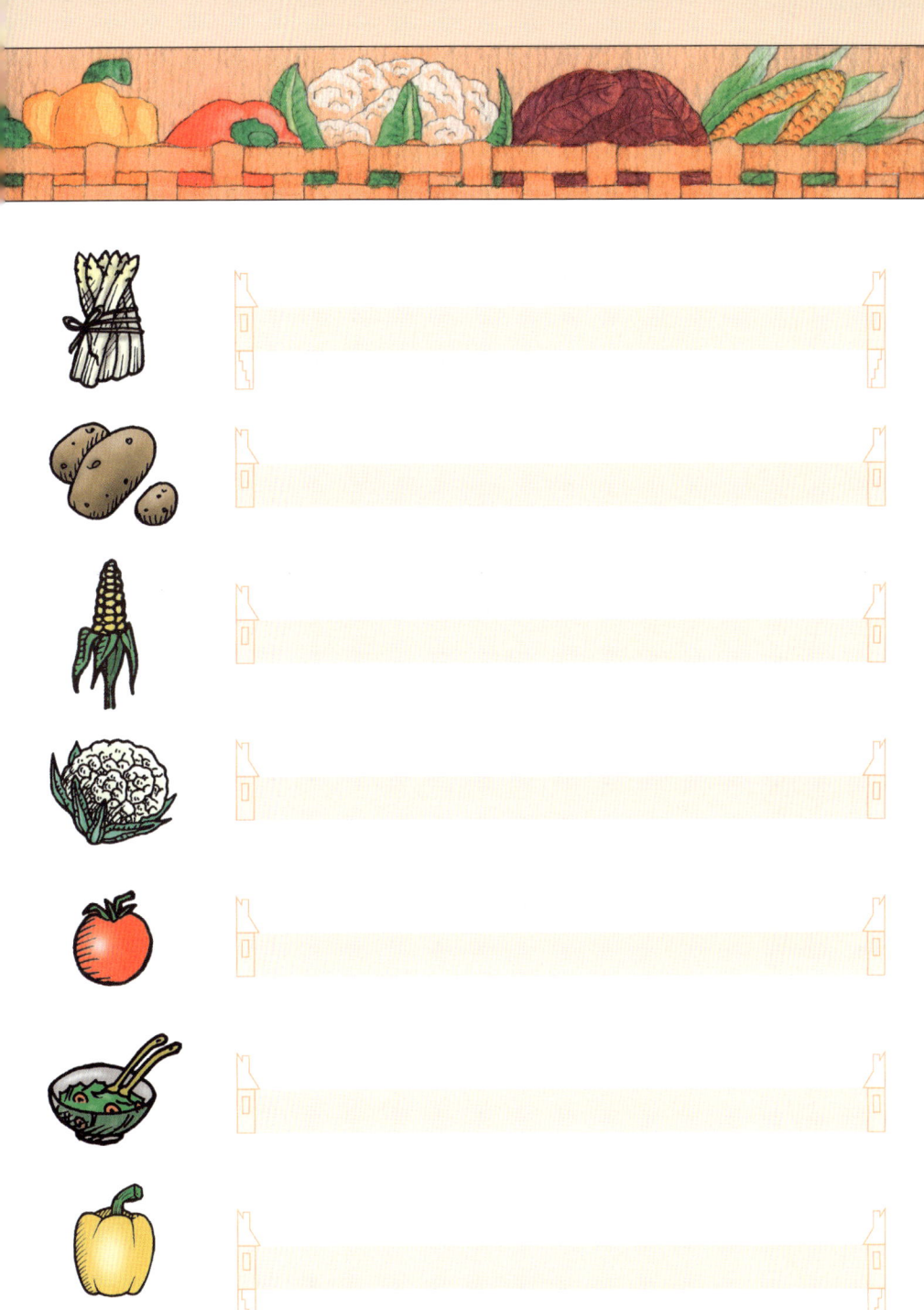

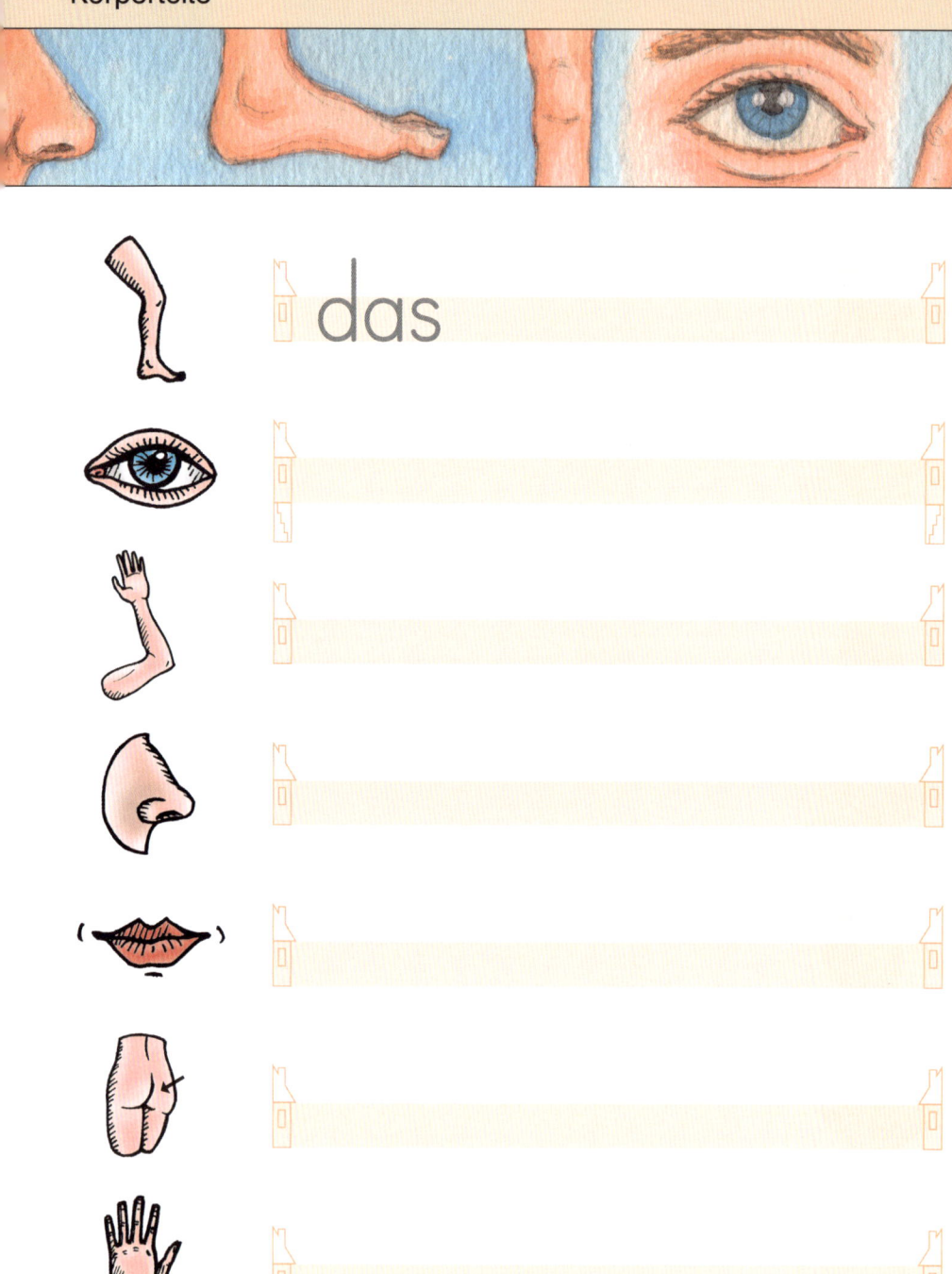

das

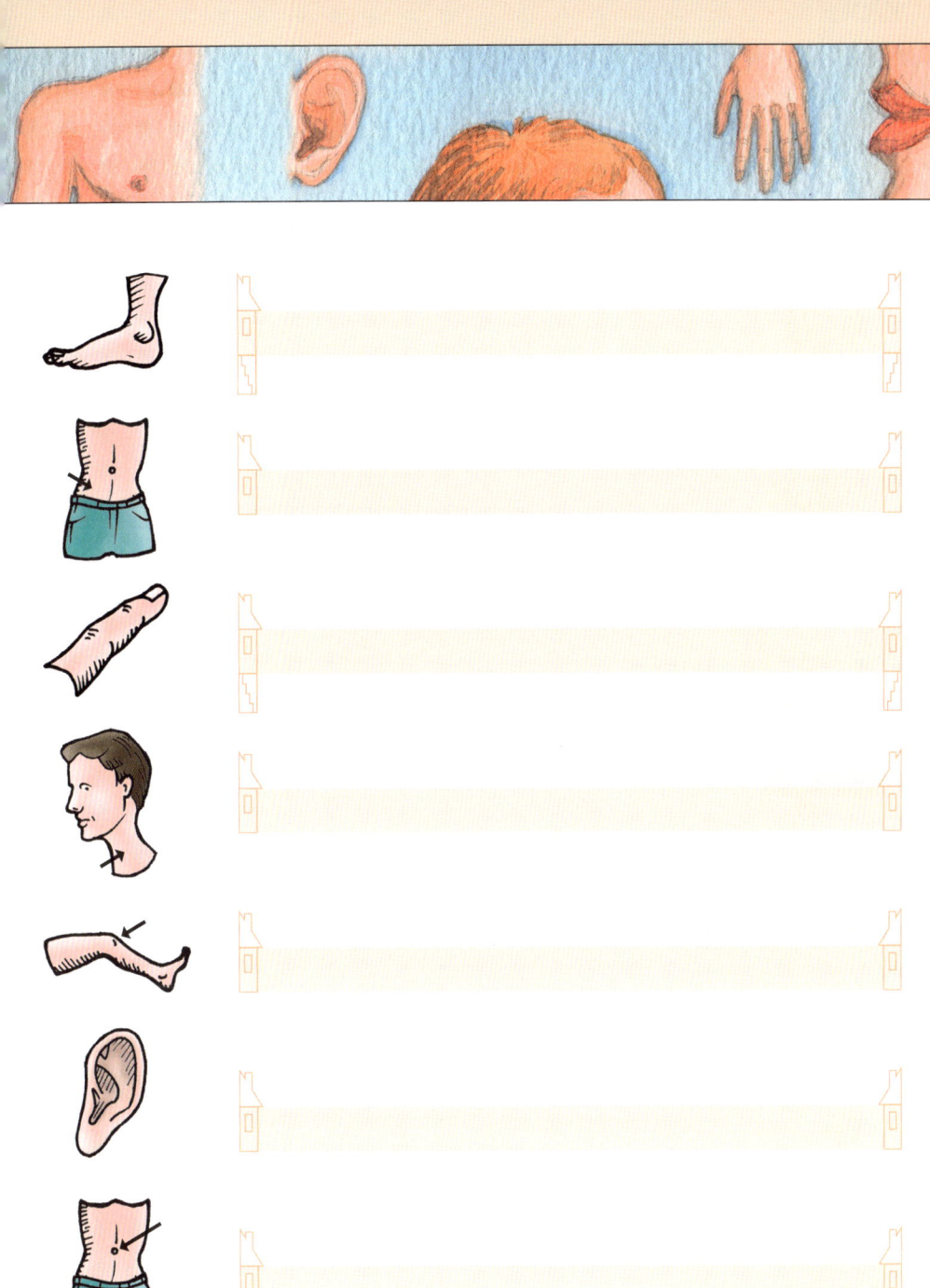

die

die

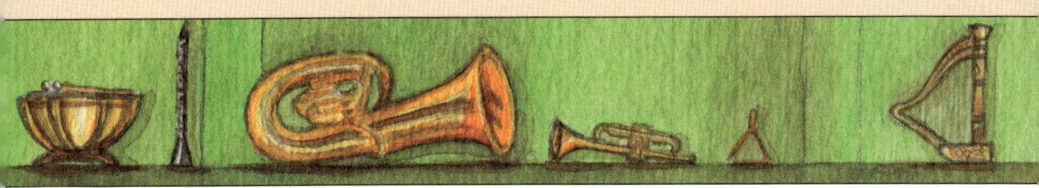

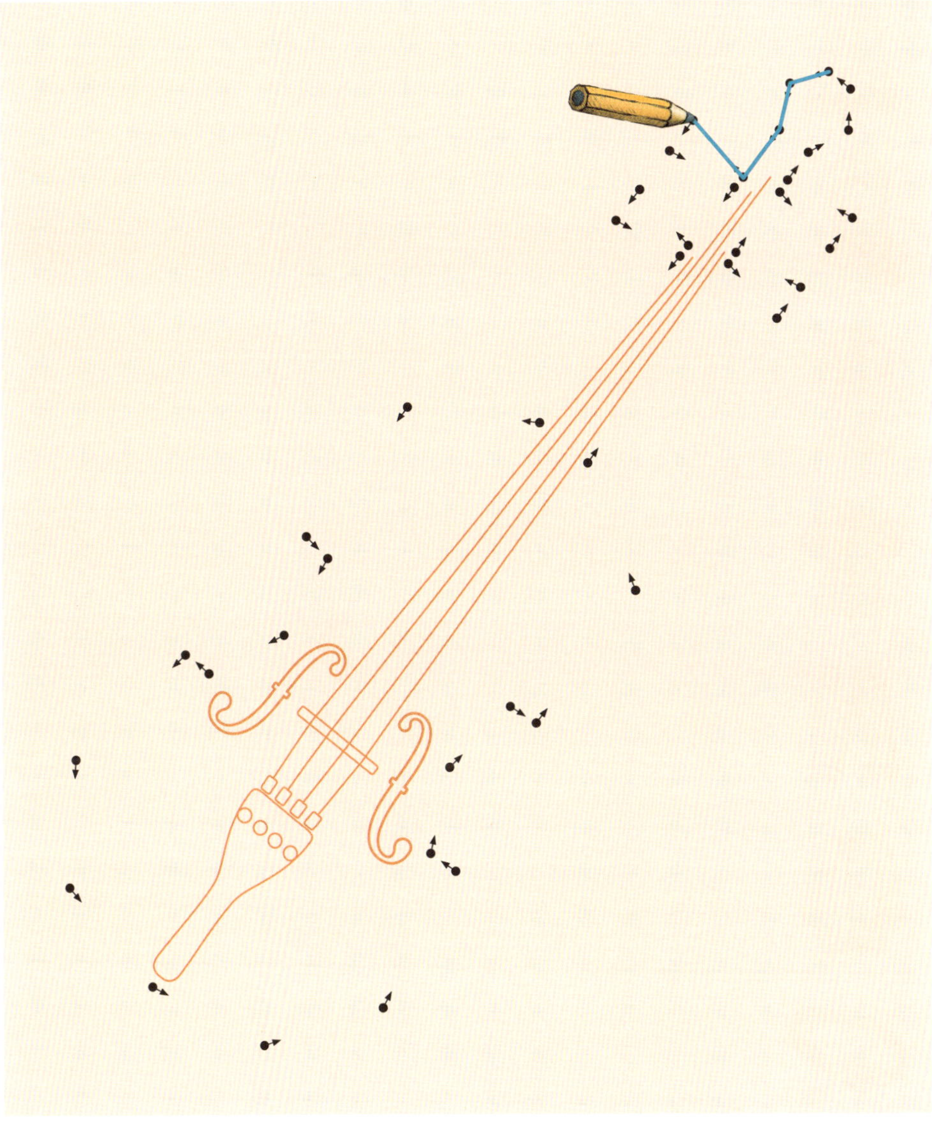

 der

der

der

das

der

  die

die

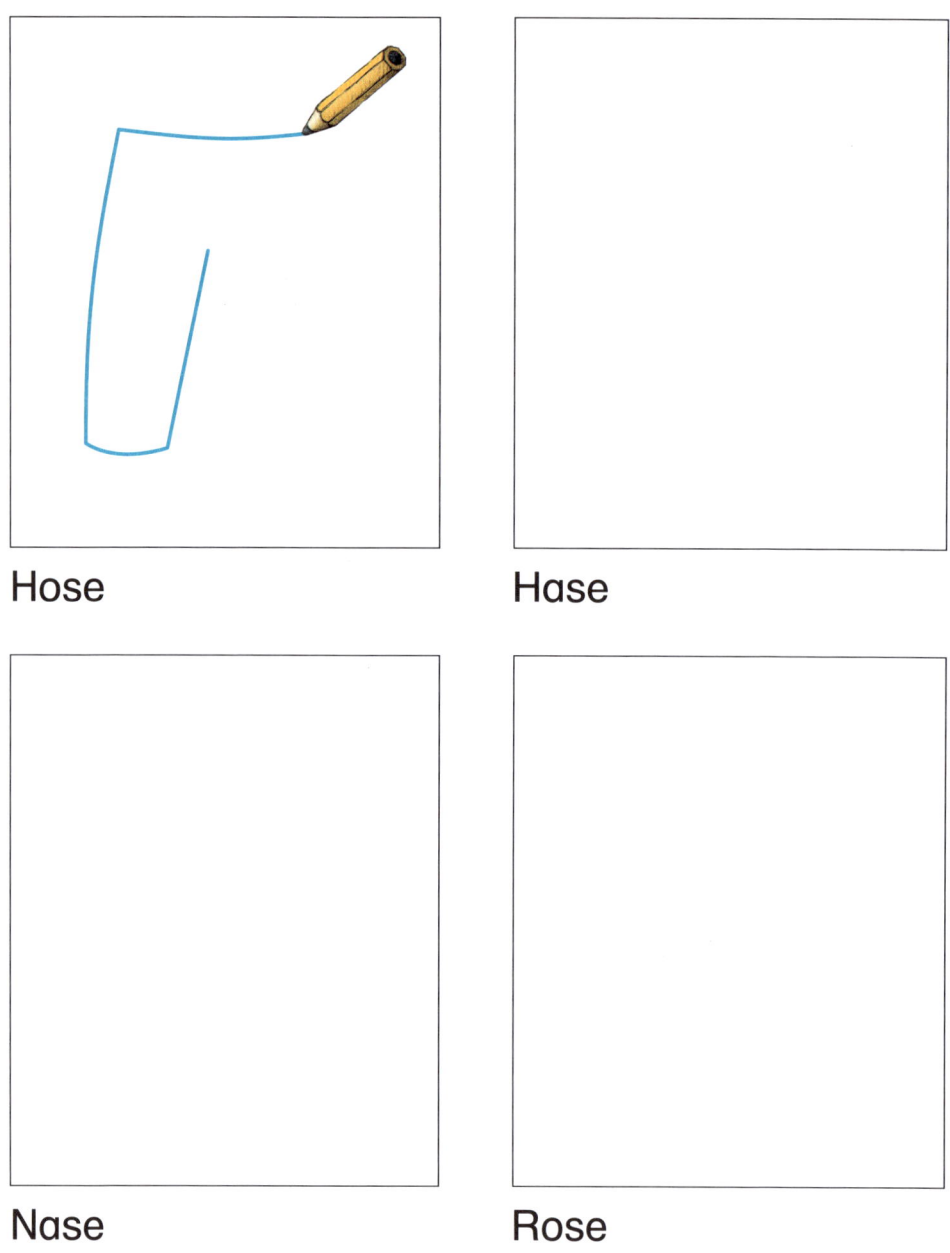

Hose

Hase

Nase

Rose